나를 키운 사람에게

글 우아

우리는 나이가 들어도 변함없이
누군가에게 키워집니다.
나를 키우는 그들 또한
누군가로부터 끊임없이 키워지며 말이에요.

어른이 된 것 같으면서도

또다시 주춤하는 순간마다 여전히

나를 키우는 사람이 곁에 있습니다.

이 글을 읽으며 떠오르는 사람과

그들과의 순간이

오래 머물기를 바랍니다.

차례

1부. 지켜주고 싶은 마음

결혼을 앞둔 너에게	13
키워지는 사람	17
흠딱 젖어버린 날	21
늘 네 옆에서 세상을 담아	23
애쓰는 일이 만드는 일상	29

2부. 사랑이란 이름으로

두발자전거 타는 법	35
키스를 해야 하는 이유	39
팬티를 입고 욕조에 들어간 날	43
햄버거	47
똑 닮은 취향	51

3부. 책임으로 엮인 사이

산타할아버지께	57
호기심 많은 대머리	65
초밥 하나는 꼭 와사비를 빼고	69
집에 데려다주는 길	75
당신이 고쳐준 것들	79

4부. 나를 키운 사람에게

머무는 만큼 모자란 사람	85
삶을 책임지는 일	89
나를 살게 하는 사람	93
서로의 보호자가 되어	97
섭섭한 마음 다 말할 수 없을 텐데	101

작가의 말	106

1부

지켜주고 싶은 마음

결혼을 앞둔 너에게

 겨울이 오면 결혼한다며? 축하해. 결혼 적령기라고는 하지만 그래도 다른 사람 하나 안 만나보고 이렇게 결혼할 줄이야. 상상도 못 했지 뭐야. 뭘 보고 '아! 이 사람이다!' 싶었는지 너무 궁금해. 어릴 땐 일찍 결혼하는 게 꿈이어서 너보다 내가 더 먼저 결혼할 줄 알았거든. 지금은 그냥 결혼을 앞둔 네가 대단하기만 해. 비가 쏟아지던 그날, 빗속에서 그 애를 기다렸다는 이야기는 다시 생각해도 괜히 설레. 홀딱 젖은 모습을 상상하면 웃기기도 하고 말이야.

넌 제법 좋은 아빠가 될 거야. 물론 경상도 남자 특유의 무뚝뚝함을 못 버리긴 하겠지만 말이야. 아마 아들을 낳으면 전공을 살려 같이 기계를 뜯어볼 거고, 딸을 낳으면 그저 좋다고 웃겠지. 근데, 너 닮은 딸 낳으면 어쩔래? 하긴 뭐, 똑 닮아 못생긴 것도 귀엽다고 웃겠지. 그래도 성질은 좀 죽여야 해. 요즘은 그렇게 화내면 가족들이 같이 안 놀아줘!

그 애는 회사에서 만났다고 했지? 네가 일하는 게 벅차고 힘들어서 그만두고 다른 회사에 갈 때도 그 애는 늘 응원해 줬다며? 아마 네가 앞으로 하게 될 새로운 도전들이 안정을 주지 못해도 그 애는 변함없이 네 곁에서 너와 가정을 지켜줄 거라 믿어 의심치 않아. 그러니 그 애를 믿고 하고 싶었던 새로운 일도 도전해 봐! 잠시 힘들어도 분명 둘이 함께라 더 나은 미래가 머지않아 찾아올 거야. 너랑 네 아내를 똑 닮은 말썽꾸러기들도 둘의 울타리 안에서 단단하게 성장하겠지.

　남편이 되고 또 아빠가 되고 시간이 점점 흐르면, 분명 세상에 내 편이 없는 것처럼 느껴질 때가 올 거야. 혼자만 덩그러니 남겨진 것처럼 말이야. 그때쯤이면 네 부모님도 차례차례 세상을 떠나서 더 쓸쓸하고 외로울지도 몰라. 그때가 오면 꼭 혼자 끙끙 앓지 말고 주변을 한 번 둘러봐. 그래도 네 옆자리를 단단히 지키고 있는 가족들이 있을 테니까. 생각보다 그들은 언제든 솔직한 네 마음을 들으려 기다리고 있을 거야. 혼자 센 척하지 말라고.

　말하다 보니 나도 모르게 아직 오지도 않은 날들 얘기만 잔뜩 했네. 그래서 지금은 어때? 듣자 하니 네가 만나는 그 애가 스물셋이라며? 참 내. 너 정말 능력도 좋다. 둘 다 참 좋을 때다! 그 애에게 반하고, 사랑을 시작하던 그 순간을 잊지 말고 오래오래 기억했으면 좋겠어. 결혼이라는 제도에 익숙해져 서로를 소홀히 하지 않고, 처음 마음보다는 옅더라도 오래도록 사랑하며 살아가기를 바라. 가끔 화가 날 때면 처음 사랑에 빠지게 만들었던 그 애의 모습, 너를 웃게 만들었던 그 애의 모습을 떠올려봐.

조금만 싸우고, 행복한 날이 훨씬 많은 결혼생활이 되길 바랄게. 그리고 새로운 사족을 든든히 지켜주기를. 아마 누구보다도 내가 가장 큰 축하의 마음을 전하는 거라 확신해. 진짜야. 결혼 축하해!

스물여덟 아빠에게,
서른셋 딸이.

커지는 사람

 진작 결혼했다면 지금쯤 나는 어땠을까? 일단 아이도 둘이 있었겠지. 어쩌면 셋이었을지도 모르겠다. 대학교를 졸업한 후 삼 년을 일하고 스물여섯쯤엔 결혼해야겠다는 생각을 늘 해왔다. 조금이라도 어린 엄마가 되어 친구 같은 가족을 꾸리고 싶었다. 엄마가 스물일곱에 나를 낳았는데 나도 스물일곱에는 아이를 가져 우리 엄마 같은 엄마가 되면 좋겠다고 생각했다.

 스물셋, 엄마는 더 넓은 세상에 발을 내딛

자마자 결혼했다. 그리고 스물다섯에 오빠를, 스물일곱에 나를 낳았다. 그렇게 지금까지 부지런히 엄마의 역할에 충실하며 우리를 키워냈다. 인생에서 제일 친한 친구를 고르라면 나는 망설임 없이 엄마를 말할 수 있다. 친구를 따라 뭐든 좋아하게 되는 것처럼 나는 엄마를 따라 영화를 좋아하고, 생크림 케이크와 여행 그리고 새로운 도전을 좋아하게 됐다.

서른셋이 된 나는 결혼과는 한참 먼 사람이 되었다. 너무 일찍 결혼을 꿈꿔서 그랬는지 어느덧 결혼은 너무나 먼 이야기가 되어버렸고, 내 한 몸 건사하는 것도 벅찬 일상을 살아내고 있다. 여전히 엄마랑 노는 게 즐겁고 쇼핑도, 수다도 엄마랑 하는 게 좋다. 아직도 나는 누군가를 키워내는 사람이 아니라 키워지는 사람이다.

딱 십 년 전 내 나이에 엄마는 결혼을 준

비하며 어떤 생각을 했을까? 가정을 꾸리며 앞으로는 누군가의 엄마로 대부분의 시간을 살아가게 될 거라는 걸 알았을까? 스물셋부터 내가 지나온 모든 시간을 어린 엄마는 누리지 못하고 그저 엄마로만 부단히 애쓰며 살아냈을 걸 생각하면 참 안쓰럽기도 하고 대단하기도 하다.

오빠와 내가 엄마의 눈 밖으로 벗어나니 이번엔 엄마의 엄마가 돌봄의 대상이 되었다. 엄마는 우리처럼 할머니한테 오래 키워지지도 않았으면서 더 오랜 시간을 써서 할머니를 돌본다. 엄마는 오래오래 누군가를 키우고 돌보며 많은 시간을 보낸다. 엄마는 당연하다는 듯 (물론 마음속은 벅차고 힘들겠지만) 해내는 돌봄을, 딸은 하지 않았으면 한다. 내가 가정을 꾸리게 된다면 그 순간부터 오랫동안 누군가를 돌보는 데 애쓰게 될까 봐 걱정한다.

어린 엄마가 견뎌내고 버텨낸 시간의 울타리에서 나는 큰 어려움 없이 조금은 편안하게 무럭무럭 자랐다. 어린 엄마가 베테랑 주부가 되었던 딱 그 시간만큼 나는 그냥 아가씨에서 속 편한 미혼의 아줌마가 되었다. 여전히 엄마에게 키워지면서 말이다. 내가 받은 만큼 다 보답할 시간이 충분한지 괜스레 걱정만 가득하다.

홀딱 젖어버린 날

 비가 억수같이 쏟아지던 20년 전의 한여름. 하굣길에 마주한 소나기는 나를 홀딱 젖게 만들었다. 젖은 몸으로 도착한 집에는 아무도 없었다.

 한참 있다 들어온 엄마에게 어디 갔었냐고 투정을 부리듯 물었다. 엄마가 어디 갔는지도 모르고 마냥 혼자 집에 있어야 하는 게 참 서운했는데, 그날 우연히 학교 앞을 지나다가 만난 우리 반 친구를 데려다주고 왔다는 엄마의 말이 나를 더 서운하게 했다. 나는 그동안 홀딱 젖어버렸다며 화를 냈다.

엄마가 그 친구를 데려다준 건 정말 우연이었고 나에게 우산이 없는 줄도 몰랐다며 "당연히 우리 딸을 데리러 갔겠지."라고 하는 말이 나에겐 사랑처럼 들렸다.

그날 이후, 20년이 지난 지금까지도 난 종종 비가 오면 그 얘기를 꺼낸다. 여전히 억울해하는 엄마의 모습에서 난 아직도 사랑을 잔뜩 느낀다.

홀딱 젖어버린 그날의 기억은 시간이 흐르며 바싹 말랐지만, 여전히 푹 젖어있는 느낌이 드는 건 엄마의 사랑에 젖어서 그런 게 아닐까.

늘 네 옆에서

세상을 담아

    세상에 좋은 곳은 다 두 발로 디뎌보는 게 꿈인 오랜 여행 친구가 있다. 환생은 꼭 내가 가본 적 있는 곳에서 하는 거라며 계절마다 비행기를 타고 먼 나라로 여행을 떠난다. 계절마다 떠나는 친구의 곁에는 남편도 있고, 다른 친구들도 있고, 나도 있다. 일 년에도 몇 번씩 떠나는 친구는 매번 여행 소식을 전해오는데 그때마다 '나도 가고 싶다. 다음엔 꼭 같이 가자!'라는 말을 빼놓을 수가 없다. 고맙게도 친구는 나와 함께하는 여행을 꽤 좋아한다.

노는 걸 제일 좋아하는 둘이 함께 여행을 떠날 때면 여행 일정은 그 어느 때보다 빡빡하다. 단 한 시간도 그냥 낭비하고 싶지 않은 열정 과다 둘이 만나 단 일 분도 허투루 쓰지 않을 여행을 계획한다. 눈을 뜨는 순간부터 눈을 감기 직전까지 우리의 일과는 분 단위로 쓰여진다. 결국 여행 당일, 하고 싶은 게 많은 우리는 여행 일정을 예정보다 더 빨리 끝내고 추가 일정까지 소화해 낸다. 그렇게 하고도 절대 지치지 않고, 다음 날 아침이면 또 눈을 번쩍 떴다.

 같은 여행지를 또 가지 않는 친구지만, 내가 베트남에 지내는 동안 다낭만 세 번을 왔다 갔다. 게다가 친구는 이미 다낭을 왔다 간 적이 있어서 다낭 여행만 네 번을 한 셈이다. 여기서 이미 친구가 나를 얼마나 사랑하는지 느낄 수 있었다. 올 때마다 한국에서 나를 위한 짐도 잔뜩 들고 왔다. 내가 사는 작은 동네 땀끼에도 왔는데, 내가 일하는 곳에 가서 한국산 마스크팩도 나누어 주고 우리 집도 들렀다. 한국에서 여행 온 친구들이 몇몇 있었지만, 이렇게 온전히 내가 어떻게 사는지 보러온 건 이 친구가 유일하다.

내내 붙어서 놀러 다니는 우리 둘에게 붙여진 별명은 놀순이와 놀자. 친구는 놀순이, 나는 놀자. 세상에 그런 사람이 잘 없는데, 놀순이는 나만큼이나 흥이 참 많고 겁도 없다. 이것저것 도전하는 걸 참 좋아해서 깊은 바다를 헤엄치기도 하고, 비가 오든가 말든가 이미 젖은 김에 수영을 즐기기도 하고, 스릴 넘치는 놀이기구도 망설임 없이 올라탄다. 세상에 이렇게 나랑 찰떡같은 여행 스타일을 가진 친구가 있다는 게 신기하고, 또 어쩌면 내가 놀순이에게 여행을 배워서 그런가 싶기도 하다.

놀순이와 놀자의 여행에서 딱 한 가지 다

른 점은 식사 스타일이다. 놀순이는 세 끼를 제때 챙겨 먹어야 하고, 놀자는 먹어도 그만 안 먹어도 그만. 놀순이는 가리는 음식 없이 새로운 음식이라면 오히려 좋아! 놀자는 세상에 먹기 싫은 게 진짜 많다. 몇 번의 여행을 함께 하며 서로의 빈칸을 채워주는 방법도 찾았다. 놀순이는 가방에 간식을 종류별로 야무지게 챙겨 다니고, 놀자는 놀순이가 아침을 먹을 수 있게 여행을 계획한다. 또 놀자는 못 먹는 음식들도 주문해 보고, 놀순이는 놀자가 못 먹는 음식도 대신 먹어준다.

함께 여행한 지 벌써 30년. 놀순이는 여행을 떠나서도 나를 챙겨주고, 투정을 받아주는 다정한 우리 엄마. 우리를 놀순이와 놀자라 명명한 건 우리 아빠. 한창 노는 얘기에 신나있는 엄마와 나를 차례로 가리키며 "놀순이! 놀자!"라고 말했다. 그날부터 우리 둘은 놀순이와 놀자가 되어, 더욱 놀기에 박차를 가했다.

놀순이는 다음 달이면 또 다른 친구들과 미국으로 떠난다. 세상에 좋은 곳은 두 발로 다 디뎌 볼 놀순이. 나는 오래오래 같이 여행하며 그 옆에서 세상을 담고 싶다.

애쓰는 일이 만드는 일상

　　냉장고에서 금방 나온 차가운 과일은 먹지 못해서, 과일을 먹기 전에는 꼭 미리 꺼내 놓거나 전자레인지에 아주 짧게 돌려먹는 습관이 있다. 오랜만에 집에 가면 엄마는 아들과 딸이 좋아하는 과일들로 냉장고를 채워둔다. 그리고 그중 몇 개는 미리 접시에 담아 꺼내둔다. 상온에서 미지근해진 과일을 내가 바로 먹을 수 있도록.

　　밥을 제대로 안 챙겨 먹고 지낸다는 걸 너무 잘 알아서 냉장고엔 새 반찬들도 가득하다.

뭘 먹어야 할지 고민할 필요도 없이 엄마가 잔뜩 해둔 반찬들을 골고루 꺼내 담기만 해도 한 끼가 뚝딱이다. 게다가 먹고 싶다고 노래를 불렀던 음식들은 덤이다. 집에만 가면 배고플 틈 없이 내내 배가 부르다.

지난번에 그냥 벗어두고 간 잠옷도 깨끗하게 세탁되어 가지런히 정리되어 있고, 헐레벌떡 나간 흔적도 없이 이불도 잘 개켜져 있다. 그럼 난 냉큼 다시 그 잠옷을 꺼내입고 이불도 활짝 펼쳐 몸을 덮는다. 잠옷과 이불에 베여있는 우리 집 냄새를 크게 들이마시면 이보다 더 편안할 수가 없다. 집에서 한 발 벗어나서야 그 소중함을 더 간절히 느낀다.

하얀 양말은 내내 하얀 게 아니라 누가 손수 문질러 빨았던 거라는 걸, 벌컥벌컥 물을 마시고 또 마셔도 컵이 모자라지 않은 건 누가 그때그때 컵을 다시 씻어두었기 때문이라는 걸, 매번 세탁기에만 돌리면 냄새나는 수건을 누가 때마다 삶아두었다는 걸, 침대 밑으로 굴러 들어간 물건을 주워도 먼지투성이가 되지 않는 건 누가 늘 보이지 않는 구석까지 깨끗하게 닦았기 때문이라는 걸 안다.

엄마라는 이름으로 애쓰는 일들이 우리의 일상을 만든다는 걸 안다. 참 부지런히 움직여야 일상의 모든 순간이 아무렇지 않게 흘러갈 수 있다는 걸 이제는 안다. 엄마가 들이는 품이 결코 당연하지 않다는 것도.

2부

사랑이란 이름으로

두발자전거 타는 법

 진부한 표현일 수 있지만 처음 두발자전거를 타던 순간이 아직도 영화의 한 장면처럼 떠오른다. 누군가의 기억과도 닮았을 그 날의 명장면은 청춘영화에서 스쳐 지나가는 어릴 적 추억이 담긴 딱 그 순간이다.

 아주 어릴 때 우리의 첫 자전거는 세발자전거다. 첫째들은 바로 자전거 운전을 시작하겠지만, 둘째들의 숙명은 뒷자리다. 세발자전거의 뒷자리에서 꿈을 키우다 보면 어느새 앞자리에 앉을 기회가 찾아온다. 그렇게 세발자전거를 점령하고 나면 다음은 네 발 자전거의 차례가 온다. 커다란 바퀴 두 개와 아주 조그만 보조 바퀴가 달린 네 발 자전거만 있으면 우리 동네 운동장을 온통 누비고 다닐 수 있다.

그 시절 우리 또래 공통의 과제는 보조 바퀴를 떼고 두발자전거로 균형을 잡을 줄 아는 사람이 되는 것이었다. 주민등록증을 발급받는다는 건 사회에서 제 몫을 해낼 어른이 되어간다는 의미이듯, 네발자전거의 보조 바퀴를 떼어낸다는 건 더 이상 내내 따라다니며 돌봐줘야 하는 어린이가 아니라는 의미처럼 느껴졌다. 네발자전거를 타고 다니던 나는 오빠의 커다란 자전거를 보면서도, 나에겐 아직 네발자전거가 딱이라고 생각했다.

어느 날 학교를 마치고 집으로 올라가는 오르막길 위에서 내 자전거와 나란히 서 있는 오빠와 아빠를 발견했다. 의아한 점은 혼자서도 서 있을 수 있는 네발자전거가 더는 혼자 서기를 그만둔 것처럼 오빠의 손에 붙들려 있었다는 것. 나보다 더 들뜬 두 남자의 표정에서 나는 올 것이 왔다는 걸 알 수 있었다. 어느 여름 오후 나는 그렇게 갑작스레 보조 바퀴와의 이별을 맞이했다.

보조 바퀴가 사라진, 왠지 허전한 두발자전거를 오빠는 보란 듯이 쌩쌩 타며 시범을 보였다. 드디어 찾아온 내 차례. 두발자전거는 겁낼수록, 머뭇거릴수록 더 균형을 잡기가 어려웠다. 자전거 뒤를 꼭 붙잡아주는 아빠가 없었다면 진작 균형을 잃고 넘어져 버렸을 텐데, 덕분에 나는 천천히 바퀴를 굴려도 넘어지지 않고 조금씩 나아갈 수 있었다. 그렇게 몇 바퀴를 돌다 보면 비틀거리는 두발자전거가 조금씩 균형을 찾아간다. 빨라지는 속도만큼이나 아빠는 나를 놓치지 않고 자전거를 잡은 채

같이 나란히 뛰었다.

 영화 같은 순간은 딱 지금. 앞만 보고 한참 달리다 보면 갑자기 자전거가 하늘에 뜬 것처럼 가벼워지고 저만치서 아빠와 오빠의 웃음소리가 들려온다. 이제 손을 놨다며 지금 혼자 달리고 있는 거라고, 잘하고 있다고 소리치는 그들의 응원에 힘입어 홀로서기를 해낸다. 그 이후로도 몇 번의 도약에 그들의 손길이 필요했지만 결국 혼자 두발자전거를 탈 수 있는 사람이 되었다.

 그들에게 배운 건 그저 자전거 타는 방법만이 아니었다. 넘어져도 다시 일어나면 된다는 것, 어려울 땐 언제든 도움을 청해도 된다는 것, 나란히 달릴 사람이 있다는 것, 혼자 앞서 나아갈 때 뒤에서 응원해 줄 사람이 있다는 것. 두발자전거 타는 법을 알려준 그들 덕분에 세상에 발을 내딛는 법을 배웠다.

키스를 해야 하는 이유

연인이 양쪽에서 걸어와 만나 키스를 나누는 곳, 베트남 푸꾸옥에는 가운데가 나뉘어져 왠지 애타는 마음을 갖게 하는 키스 브릿지가 있다. 위쪽 다리에는 연인들이 양쪽으로 나뉘어 줄을 서 있고, 합쳐진 아래쪽 다리에는 그들을 담은 사진사들이 있다. 줄이 점점 줄어들어 다리 끝에 다다르면 온몸으로 하트를 만들고 키스를 나누며 그들만의 특별한 순간을 기록한다.

점점 어둠이 내리는 키스 브릿지는 조명과

함께 괜히 더 낭만 있게 느껴진다. 그 타이밍에 부부 동반 여행자들이 와자지껄 등장한다. 갑자기 낭만이 파사삭 깨어지는 느낌이었는데, 그중 한 부부가 키스 브릿지를 배경으로 키스하는 사진을 찍는다. 같이 온 동행들의 놀람이 더해진 환호와 박수가 쏟아지더니 너나 할 것 없이 "우리도 하자! 너희도 해라! 키스 다리에서 키스 한 번 해야지!" 하는 말들이 들려온다.

주책이라는 둥, 부끄럽다는 둥 나오는 말과 다르게 막상 사진기 앞에 서니 이때가 아니면 기회가 없는 것처럼 냉큼 키스를 나눈다. 키스 브릿지를 핑계 삼아 키스를 나누는 사람들을 보며, 내가 모르는 그들의 지난날들을 생각해 본다. 분명 키스하는 게 당연하고 평범한 일상이었을지도 모를 어느 때를 말이다. 고작 키스가 뭐라고 특별한 순간이 되었을까. 오래 사랑을 하면 이유가 있어야만 키스를 나누게 되는 사이가 되는 게 당연한 흐름일까.

우리 집 놀순이와 대머리 아저씨도 그 모습을 보더니 위쪽 다리 양 끝으로 올라갔다. 비록 잘 닿지는 않았지만 얼마 만에 보는 둘의 입맞춤인지. 어스름한 저녁 하늘과 낯선 도시의 분위기에 잔뜩 들뜬 사람들의 소란스러운 소리마저 낭만적인 순간이었다. 이런 사랑이 당연한 세상이었다면, 지금쯤 저 둘의 사이는 어땠을까, 그리고 우리의 사이는 어땠을까. 어쩌면 당연히 입을 맞추고 서로를 안아주며 자연스레 마음을 나누니 말로는 잘 표현하지 못하는 마음들도 이해할 수 있는 여유가 생겼을지도 모르겠다.

어릴 때 주말 아침이면 끌어안고 있는 엄마 아빠를 자주 봤었다. 그럼 나는 씽씽이를 타고 복도를 달렸다. 이웃들이 엄마랑 아빠는 지금 뭐 하냐고 물으면 지금 사랑하고 있다고 말했다. 그땐 그게 참 당연해서 나도 엄마랑 아빠에게 찰싹 붙어있는 시간이 정말 많았던 것 같은데, 이제는 가족이더라도 연인이 아닌 사이와 스킨십한다는 게 낯설기만 하다.

 몸으로 표현되는 사랑이 오래전에만 당연했던 것으로 남는 게 괜히 안타까운 마음이다. 누구나 오래 손을 잡고, 끌어안고, 입을 맞추는 사랑을 나누었으면 좋겠다. 당연 '했던' 사랑 말고 언제든 당연 '하게' 사랑하기를. 이유가 있어야만 키스를 하는 사람들도 사실은 당연하게 나누는 키스를 꿈꾸고 있을 것만 같다. 머쓱함을 덜어내고 쓱 먼저 손 내밀어 보기를.

팬티를 입고
목욕에 들어간 날

조그맣던 오빠와 나를 씻기는 일은 아빠의 몫이었다. 씻는 시간이 꽤 즐거워서 더 오래 물속에 있으려 꾀를 부렸던 것 같기도 하다. 욕조에 아빠랑 나랑 오빠가 옹기종기 들어가 물장난하는 그 시간을 수영장 가듯 기다렸는지도 모르겠다. 분명 우린 좋았었는데, 목욕 시간은 그리 오래가지 못했다.

호기심 넘치는 꼬마 소녀는 어느 날부터 자기와 다른 아빠의 몸을 흥미롭게 탐색하기 시작했다. 그 시선과 손가락이 부담스러웠던 아빠는 욕조에 팬티를 입은 채 들어왔고, 배신감에 사무친 꼬마 소녀는 그게 싫다고 어찌나 떼를 썼는지 모른다. 차마 홀딱 벗고 함께 씻을 용기가 없는 아빠와의 목욕은 그렇게 끝나버렸다.

나를 씻기는 일은 엄마의 몫이 되어버렸다. 가끔 오빠와 함께 씻는 날, 오빠와 나는 엄마가 욕조에서 꺼내 씻겨줄 때까진 팬티를 꼭 입게 되었다. 처음 팬티를 입고 씻게 된 날이 어땠는지는 기억나지 않고, 그냥 팬티를 입은 채 욕조에서 신나게 놀았던 기억만 남아있다. 여전히 물속에 더 오래 남으려고 "오빠 먼저"를 외치며 꾀를 부렸던 기억도 같이.

아빠가 처음 팬티를 입은 날도 아마 지금의 내 나이쯤이었을 텐데, 참 골 때리는 자식 새끼가 아니었을까. 그런 나의 목욕 시간을 혼자 오롯이 감당하게 된 엄마도 겨우 이십 대

후반이었다. 무난히 아들을 키우다 별난 딸을 마주한 젊은 청년들은 어떤 기분이었을까. 삼십년 후, 오십 대 후반 그리고 환갑이 지나도록 딸내미가 크게 다를 거 없이 여전히 별나다는 사실은 예상도 못 했겠지.

햄버거

누가 내 소울푸드가 뭐냐고 물으면 언제나 변함없이, 그리고 한 치의 망설임도 없이 '햄버거!'를 외친다. 햄버거를 먹을 때면 종종 아빠를 생각한다.

여덟 살이었나 아홉 살이었나. 햄버거를 참 싫어했었다. 밥이랑 반찬을 각각 먹는 데에 익숙했던 탓인지, 아니면 그냥 새로운 음식을 시도하는 게 싫었는지, 그 이유를 아직도 모른다. 아빠 차를 타고 엄마가 있는 외갓집으로 가는 길이었는데, 가는 동안 배가 고픈 우리를 위해 아빠가 햄버거를 사줬다. 나는 햄버거가 싫다며 먹지 않고 오빠만 먹었는데, 그게 불갈비 버거였다. 아빠의 다마스 뒤 트렁크 자리에 매트를 깔고 둘이 나란히 앉아있는데 오빠가 햄버거를 맛있게 먹는 모습을 보니 그날따라 참을 수가 없었다. 아마 침을 꼴깍 삼키는 나를 봤을 오빠는 햄버거 한 입을 나눠줬다. 아빠도 내내 햄버거가 싫다던 애가 먹는 한 입을 백미러로 제법 흥미롭게 엿봤던 것 같다. 한 입을 먹었을 때 진짜 운명의 상대를 만난 것처럼 세상이 환해졌던 느낌이 여전히 남아있다. 아빠는 곧장 차를 돌려 불갈비 버거를 하나 더 사 왔다. 그게 내 기억 속 첫 햄버거다.

햄버거는 주기적으로 수혈해야 하는 소울푸드가 되어 내 세상에 자리 잡았다. 어린 날의 생일파티도 햄버거 가게였고, 친구와의 주말 데이트도 햄버거 가게였다. 집을 떠나 남해의 한 시골 고등학교에 진학하고 나서도 외출을 할 때면 늘 메뉴는 햄버거였다. 읍내로 버스를 타고 나가면 햄버거 가게가 딱 하나 있었다. 금요일 오후면 뿔뿔이 흩어져 고향에 다녀온 친구들과 읍내 햄버거 가게에서 옹기종기 모여 마지막 만찬을 즐기고 다시 시골 학교 기숙사로 들어갔다. 졸업 후 대학생이 되어 다시 학교를 찾아갈 때도 양손엔 후배들을 위한 읍내 햄버거를 잔뜩 들고 갔다.

서른셋이 된 지금도 여전히 내 곁에는 햄버거. 그리고 감자튀김, 치즈스틱, 제로콜라. 일하는 곳이 햄세권이면 더할나위 없이 즐겁고, 야근을 하는데 야식이 햄버거면 괜히 야근도 괜찮아졌다. 햄버거는 낮에 먹어도 저녁에 또 먹을 수 있고, 저녁에 사놓은 걸 아침에도 먹을 수 있다. 조금 고생한 날은 보상으로 치즈스틱을 더 많이 먹는다. 햄버거 세트 하나로 나는 온 세상을 가진 기분을 느낀다.

햄버거 역사를 쓰고 보니 여덟 살인지 아홉 살인지 모를 그 밤이 다시금 선명히 떠오른다. 아빠가 차를 돌려 햄버거를 사주지 않았다면 나는 지금처럼 햄버거를 좋아했을까? 아빠가 나를 생각하는 마음 같아서 햄버거를 좋아했나? 그러면 햄버거는 사랑이네.

똑 닮은 취향

가르쳐 준 적 없는 습관까지 똑 닮은 우리는 티비를 볼 때면 나란히 앉아 발목을 포개어 발가락을 까딱거린다. 그런 모습을 볼 때면 엄마는 기가 차다는 듯 웃으며 어떻게 이런 것까지 닮았냐고 말한다. 우리는 처음부터 똑 닮았던 걸까, 아니면 나도 모르게 따라 하며 자란 걸까. 갓 태어났을 때 이미 아빠를 똑 닮았던 걸 보면, 어쩌면 태어날 때부터 모든 게 '복사 - 붙여넣기' 된 걸지도 모르겠다.

우리 집에서 초콜릿을 좋아하는 것도 딱

두 사람. 커다란 초콜릿 아이스크림을 사도 나눠 먹을 사람이 있다는 게 얼마나 즐거운 일인지 모른다. 과일도 견과류도 좋아하는 우리는 종종 바닥에 나란히 앉아 나눠 먹는다. 어떤 날은 땅콩을 까먹었는데 아빠가 까면 나는 주워 먹기를 담당했다. 아빠는 뱃살이 나오니 그만 먹으라고 말을 하면서도 손은 계속 땅콩을 까서 건네고 있었다. 우리 집에서 뱃살이 많이 나온 딱 두 사람도 우리다.

눈앞에 과제가 펼쳐지면 밥도 거르고 거기에만 몰두하는 것도, 한번 시작하면 오기로 끝을 보는 것도, 말이 많은 것도, 삐지면 입을 꾹 닫아버리는 것도, 하고 싶은 건 꼭 해야 하는 것도 우리는 똑 닮았다. 조금 더 강력해진 버전의 나를 똑 닮은 사람이 세상에 있다는 건 어떤 기분일까. 아무리 봐도 아빠는 제법 뿌듯해하는 것 같다.

사람은 자기를 닮은 사람을 좋아한다고 하던데, 그래서인지 아빠는 나를 참 좋아한다. 그리고 나는 요즘 아빠랑 비슷한 구석이 참 많은 어떤 사람을 좋아한다.

3부

책임으로 엮인 사이

산타할아버지께

크리스마스를 기다리며.

크리스마스가 끝나면 제일 먼저 하는 일은 다음 크리스마스를 기다리는 것이다. 언제부터 크리스마스를 좋아했는지는 없다. 그냥 쭉 크리스마스를 기다리며 살았다. 크리스마스가 특정 종교의 기념일이라는 것도 '성탄절'이라는 말을 쓰면서도 한참을 몰랐다. 알고 나서도 달라지는 건 없었고, 늘 그랬듯 크리스마스를 기다렸다. 9월 17일은 크리스마스가 100일 남은 날. 나만의 기념일. 달력에 달이 두 자릿수가 되면 캐럴을 듣기 시작한다. 이제 10월이 오면 친구들이 먼저 '캐럴 듣기 시작하겠네?'라며 말한다.

  머릿속을 헤집어 찾아낸 첫 번째 크리스마스 기억은 크리스마스트리 아래에 있던 나. 크리스마스 무렵이면 트리가 집에 있었는데 그때는 알록달록한 트리 전구를 감는 게 대세였다. 빨강, 노랑, 초록, 파랑 불빛이 번갈아 빛나던 그 조명을 켜두고 집을 어둡게 하면 그렇게 황홀할 수가 없었다. 집에 있던 컵 중 작고 어두운 색의 유리컵이 있었는데, 거기에 물을 가득 담아 트리 옆에 앉아서 트리의 빛을 물에 비추면, 마치 반짝이는 크리스마스를 마시는 것만 같았다. 한 모금 마시고 다시 컵을 빛에 가까이 갖다 댄 후 빛을 담고 설레는 마음으로 또 한 모금. 내가 크리스마스로 가득 채워졌다.

산타할아버지가 온다는 설렘이 가득한 크리스마스 무렵엔 '산타할아버지가 선물 안 준다.'는 말로 세상 모든 어린이를 통제할 수 있다. 나도 그중에 하나였는데, 선물을 받기 위해 눈물을 꾹 참기도 했다. 조금 자라고 난 후 오빠가 산타할아버지는 없다며 선언했다. 대신 그해 크리스마스이브는 직접 선물을 고르게 해줬다. 대형 마트 문구코너에서 가장 마음에 드는 걸 고르고, 바로 근처에 있던 아이스링크장에서 아주 끝장나게 놀았다. 크리스마스 아침, 당연히 산타할아버지의 선물은 없었고 그걸 받아들일 수 없었던 나는 울고불고 오열했다. 인생에서 가장 좌절감을 느꼈던 날이 아니었을까. 다음 해부터 다시 산타할아버지가 왔다. 나만 빼고 온 가족이 진짜 황당해했던 그날을 우린 아직도 종종 얘기한다.

　열세 살이면 산타할아버지를 믿지 않는 게 보통이지만, 크리스마스이브 밤, 오늘 밤은 산타할아버지가 오는 게 아니냐며 엄마 아빠한테 얘기하고 설레는 마음으로 잠들었다. 비상이었다. 이젠 다 커서 아무 준비 없이 무방비 상태였던 엄마 아빠는 부랴부랴 근처 문구점에 가서 머리카락 색깔이 변하는 뽀글이 인형을 사다가 내 머리맡에 놔줬다. 아마도 그게 진짜 마지막 비밀 산타의 선물이었을 거다. 아직도 우리 집 추억 상자를 열면 보라색으로 변하는 분홍 머리 뽀글이 인형이 있다.

산타는 없고 크리스마스는 그저 부처님 오신 날의 기독교 버전이라고 말하는 게 더 잘 어울리는 무감성의 엄마 아빠가 딸의 동심을 지켜주려던 그 마음이 있었기 때문에 크리스마스는 늘 행복이었을지도 모르겠다. 다른 건 몰라도 크리스마스만큼은 정말 확실하게 기념했던 무교 아빠와 불교 엄마 덕분에 나는 아직도 매년, 매 순간 크리스마스를 기다린다. 징글징글하게 자란 후에도 징글벨 울리는 크리스마스에는 꼭 우리만의 파티가 열렸다. 패밀리 레스토랑을 가거나, 영화를 보거나. 아, 크리스마스 케이크도 꼭 먹었다. 이렇게까지 해야 하냐며 과도한 크리스마스 사랑을 이해 못하는 가족들은 끝내 초를 같이 불어주지 않았지만 그래도 크리스마스 케이크는 같이 먹었다.

이제 비밀 산타는 없지만, 오히려 진짜 산타가 둘이 되었다. 무교 산타 할아버지와 불교 산타 할머니. 아직도 크리스마스가 되면 산타 할아버지와 산타 할머니는 선물을 준다. 크리스마스 무렵에 갔던 패밀리 레스토랑에서 본 가로등 조명이 갖고 싶다고 하니, 내 방 침대 옆에 크리스마스 풍경이 담긴 가로등 조명이 생겼다. 온라인 게임 카트라이더를 하다가 더 잘난 차에 밀려 나만 공짜 차를 탄다고 투덜대니, 내 차고에 새 카트가 생겼다. 어느 크리스마스엔 한창 중독되어 있던 곶감 한 상자를 받았고, 같은 날 오빠는 제일 좋아하는 딸기 한 상자를 받았다. 산타 할아버지와 산타 할머니는 크리스마스에만 나타나지 않는다. 갖고 싶은 게 있다고 소원을 빌면 나타나서 선물을 준다. '산타 할아버지!' 외치면 선물이 뚝딱 나온다. 어느 날엔 책장, 또 어느 날엔 노트북, 또 또 어느 날엔 소고기, 또 또 또 어느 날엔 햄버거.

산타 할머니와 단 둘이 여행을 떠난 적이 있는데, 그 여행을 보내준 건 산타 할아버지. 겨울이 오기 전 캐나다 여행이었는데, 단풍 여행이 목적이었지만 산타 할머니와 함께한 크리스마스 여행이 되었다. 도시마다 크리스마스 상점이 있었고, 나는 지나치지 못하는 사람이었다. 새빨간 맨투맨을 입고 산타 할머니와 함께 크리스마스 분위기를 제대로 즐겼다. 그때 내가 꿈꾸던 한겨울의 크리스마스가 그대로 담긴 퍼즐을 봤다. 제법 비싼 가격이어서 망설

였는데, 역시나 산타 할머니가 그걸 내 품에 안겨줬다. 5년이 지났는데도 아직 그 퍼즐 상자의 비닐도 뜯지 못했다. 퍼즐을 맞춰야지 하면서도, 퍼즐 상자에 그려진 크리스마스 풍경이 있는 그대로 너무 좋아서.

이번 크리스마스는 선물을 받지 못했다. 대신 내가 우리 집에 경주에서 자란 세상에서 제일 달콤한 딸기 두 상자를 보냈다. 크리스마스를 기다리는 동안 받고 싶은 선물을 말했는데, 산타 할아버지랑 산타 할머니가 좀 바쁜가 아직 선물을 못 받았다. 어쩌면 조금 늦게 주려나. 늦어도 되니까 잊지 않고 산타를 기다리는 아가씨를 기억해 주길.

오늘도 크리스마스를 기다린다. 추운 겨울, 눈이 펑펑 내리고 온 동네가 눈으로 뒤덮인 채 알록달록 반짝이는 트리와 장식이 있는 모습은 상상만으로도 심장이 두근거린다. 크리스마스의 기억을 꺼내 보니 지나온 모든 순간들이 내가 크리스마스를 사랑할 수 밖에 없는 이유다. 그리고 그게 내가 겨울을 좋아하는 이유이기도 하다. 겨울이 와야 크리스마스도 오니까. 그럼 산타도 올 테니까.

호기심 많은 대머리

 우리 집 대머리 아저씨는 엄청난 수다쟁이다. 모르는 사람들이랑 어울리는 것도 좋아하는 그는 이 글을 쓰는 동안에도 여행지에서 만난 외국인의 사진을 찍어주며 한국말로 사진을 확인해 보라고 외친다. 외국인은 그게 무슨 말인지도 모르면서 '확인!'을 따라 말하며 그를 보고 웃는다.

 아침에는 엄마랑 내가 수영하는 동안 선베드에 앉아서 휴대전화를 뚫어져라 보더니 어느 순간부터 옆자리에 앉은 한국인 청년과 이야기하고 있었다. 여자 친구를 앞에 둔 채 대머리 아저씨와 수다라니. 아빠 눈치 챙겨. 그 와중에 아빠는 그 청년이 주는 과자도 냠냠 받아먹고 있다. 난 그냥 모른 척 다시 물속으로 들어갔다.

여행 내내 대머리 아저씨는 자꾸자꾸 말하고 또 말한다. "택시 불렀나? (아니.) 택시 언제 온대? (아직 안 불렀어.) 택시 얼마야? (지금 찾아보는 중이잖아.)" 택시를 부르려 위치를 찾아보는 중에도 내내 말을 한다. 일정 조율이 필요해서 다시 여행 정보를 검색하는 동안에도 자꾸 말한다. 대답을 안 하면 또 또 말한다. 뭘 찾아보는 동안은 말 걸지 않고 기다리라고 하니 알겠다고 하고 지나면 또 말을 건다.

호기심이 너무너무 많아서 그냥 지나치는 곳은 절대 있으면 안 된다. 궁금한 곳은 꼭 가봐야 하고 절대 가만히 앉아 있지를 못해서 걸을 때도 빙 둘러서 걸어야 한다. 이번 여행은 휴양이라고 가만히 있을 줄 알아야 한다고 거듭 말했고, 그는 자기도 휴양을 좋아한다며 가만히 있는 건 잘한다고 했다, 분명히. 실은 그때 그 말을 들으면서도 '뻥'이라는 걸 알고 있었지만 살짝은 제대로 느긋한 시간을 보낼 수도 있을 거라 기대했었다.

대머리 아저씨의 호기심은 어디에서 왔을까? 생각하다 문득, 그 호기심은 흘러 흘러 나에게 왔다는 걸 깨달았다. 나는 아빠를 똑 닮아 쉬지 않고 질문을 했다. 모르는 것과 궁금한 게 어찌나 많은지 묻고 또 물었다. 그때마다 아빠는 대답을 해주고 또 해줬다. 다 자란 지금도 해결하지 못하는 문제는 답을 알게 될 때까지 물어보는데, 아빠는 여전히 알려주고 또 알려준다. 모르는 건 직접 찾아보면서까지 알려준다.

궁금한 곳은 꼭 가봐야 하는 것도 사실은 너무나 닮은 모습이었는데, 나에겐 익숙한 지역이라 그 호기심을 미처 다 이해하지 못했다. 궁금한 걸 못 보면 언젠가는 다시 와서 보면 된다는 생각으로 넘겨버렸는데, 아빠에겐 다음이 없어서 온 김에 많은 걸 눈에 담으려 했을지도 모르겠다.

아빠의 호기심이 가끔은 벅차기도 하지만 분명 아빠에게도 내 질문들이 벅찼던 날이 있었겠지. 딸의 질문에 대한 수많은 날의 대답을 떠올리며 아빠의 호기심에 응답해야지.

초밥 하나는

꼭 와사비를 빼고

　오빠랑 나는 천적인 것 마냥 만나면 서로를 물어뜯기 바빴다. 물론 사이가 좋을 때도 짧게는 있다. 서로의 취향도 너무 달라서 엄마 아빠가 집을 비우는 저녁이면 우리는 하나의 카드로 각각 음식을 시켜 먹었다. 오빠는 치킨, 나는 피자. 대학생의 로망 유럽 여행을 떠날 땐 안전상의 이유로 오빠랑 같이 가는 것 말고 다른 선택지는 없었다. 어찌저찌 여행을 잘 마치긴 했지만 여행 중에도 하루에 한 번씩은 꼭 싸웠다. 다녀온 후 두 달은 서로 말을 섞지 않았다.

오빠 친구 중에는 오빠가 외동인 줄 아는 사람도 더러 있었다. 오빠가 부산에서 대학을 다닐 때 거기로 놀러 가서 오빠의 자전거를 타고 학교 옆 쪽문을 지나간 적이 있다. 여동생이 있는 줄 몰랐던 동기들은 눈에 띄는 연두색 자전거를 타고 지나가는 낯선 여성이 오빠의 새 여자라 생각하고 눈을 휘둥그레 뜨기도 했다. 그 뒤를 유유히 걸어오던 오빠가 "동생이다."라고 말을 하고 나서야 동기들은 오해를 풀 수 있었다. 동시에 외동이 아니었다는 충격에 휩싸이기도 했다.

이제는 서로 자주 못 보는 탓에 덜 싸우는데, 오빠의 새로운 모습을 가장 많이 발견했던 건 내가 막 대책 없이 퇴사했던 무렵이었다. 백수 시절을 먼저 겪었던 선배의 마음으로 조언도 위로도 해주었는데, 오빠에게 난생처음으로 책 선물도 받았다. 한창 시집을 좋아하던 때였는데 〈너무 잘하려고 애쓰지 마라〉를 선물해주며 "이게 내가 니한테 해주고 싶은 말이다."라고 경상도 사나이답게 짧고 굵게 말했다. 그러면서 이젠 월급이 없는 나를 위해 밥도 사주고 장도 봐줬다. 오빠는 버릇이 나빠진다며 용돈은 안 줬지만, 언제든 오빠네 집으로 가면 밥도 사주고 장도 봐줬다.

원래는 초밥을 싫어했는데, 와사비를 뺀 초밥이 맛있는 걸 알고부터는 종종 초밥을 먹으러 가게 되었다. 식당에 가면 메뉴를 고르고 난 후 엄마랑 수다 삼매경에 빠져버리기 일쑤였다. 주로 오빠가 주문하는데 나는 그냥 떠드느라 정신이 없었다. 정신을 차리고 보면 이미 초밥이 나오고 있었다. 그제서야 "아 맞다. 나 와사비 빼달라고 안 했다."라고 말하는데 그럼 오빠는 무심한 듯 "내가 말했다."라고 했다. 오빠랑 초밥을 먹을 땐 와사비 빼달라는 말을 내가 할 필요가 없었다. 늘 주문할 때 알아서 얘기해줘서.

사실 오빠의 좋은 점에 대한 얘기는 부끄러워서 잘 안 하는데 지금도 초밥을 먹을 때마다 오빠를 생각한다. 물론 아주 짧게 잠깐. '오빠라면 내 와사비는 알아서 빼줬겠지.' 하면서 말이다. 많이 까불었던 만큼 진짜 많이 맞고 혼나서 사랑받았다는 순간은 잘 떠오르지 않는데, 초밥을 볼 때마다 나도 모르게 오빠의 사랑을 느끼고 있었던 것 같다. 아마 이걸 사랑이라고 하면 오빠는 돌았냐고 하겠지만.

아주 어리던 어느 날, 나를 괴롭히는 남자애 때문에 울면서 오빠한테 일러줬던 적이 있는데, 그날 오후 오빠는 우리 반 복도에 손을 들고 서 있었다. 그 남자애를 응징했다가 우리 반 담임 선생님한테 혼이 나서. 그 모습을 보고 '아, 집에 가면 오빠한테 죽었다.' 하고 잔뜩 움츠러들었다. 무기력하게 집에 가는데 학교 담벼락 안에서 누군가 "야!" 하고 부르는 소리가 들렸다. 돌아보니 오빠였다. 오빠는 그 남자애를 어떻게 응징했는지도, 우리 선생님한테 어떻게 혼났는지도, 아무 말도 안 했다. 그냥 "같이 가자." 하고는 훌쩍 담을 넘어 나랑 나란히 걸어 집으로 갔다. 무심한 듯 초밥에 와사비를 빼는 오빠를 보면 어린 날의 그 장면이 겹친다.

집에 데려다주는 길

　보통의 사이보다 사랑하는 사이일 때 이해할 수 있는 일이 훨씬 많다. 대신 화를 내준다거나, 필요해 보이는 걸 바리바리 싸준다거나, 내가 가진 걸 흔쾌히 내어준다거나, 먼 길을 돌아서 데려다주는 일. 보통의 시선에는 과하게 보일 수 있지만 사랑하는 사이라면 충분히 있을 수 있는 일이다.

　가끔 내가 할 일을 애인이 대신 해줄 때 오빠는 그 사람을 도통 이해할 수 없어 했다. 또 가끔 그 사람이 먼 길을 운전해 나를 데려다주고 혼자 돌아갔다는 이야기를 들으면 무슨 그런 사람이 다 있냐는 표정을 지으며, 애인이 아니라 노예가 아니냐는 망언을 하기도 한다. 그럴 때면 "노예가 아니라 사랑하는 사이야. 그게 사랑이야, 바보야."라고 답하곤 했다. 사랑도 안 하면서 뭘 알겠냐는 말도 함께 덧붙였다.

사랑을 모르는 오빠는 먼 길을 돌아가더라도 우리 집을 들렀다. 귀찮은 내색 하나 없이 당연히 나를 데려다 주거나 데리러 오곤 했다. 또 가끔 느리지만 내가 스스로 할 수 있는 일들도, 척척 대신 해주곤 했다. 여전히 사랑을 모르면서 말이다.

어쩌면 책임에 더 가까운 일들이지만, 사실 그 책임 또한 사랑의 범주 안에 들어 있는 게 아닐까. 보통의 사이에는 없지만, 우리 사이에는 있는 것. 사랑하는 사이에는 충분히 있을 수 있는 일이 오빠와 나에게도 있었다.

당신이 고쳐준 것들

　우리 집에는 만능 수리공이 있다. 그의 손이 닿았다 하면 정신을 못 차리던 물건들이 군기 잡힌 듯 칼같이 다시 작동한다. 가끔 그 명성을 아는 물건들은 손을 대기도 전에 재작동하는데 그럴 때면 난 거짓말쟁이가 되어 '분명 안됐었는데' 하며 헛웃음이 난다. 조명, 시계, 카세트 플레이어, 외장하드, 선풍기, 수전, 정수기, 날이 무뎌진 칼까지. 만능 수리공은 못 고치는 게 없어서 우리 집 물건들은 쉽게 버려지지 않는다.

어렸을 땐 그를 따라 동네의 이집 저집을 다녔는데, 가는 곳마다 그를 기다리고 있던 건 고장 난 컴퓨터였다. 의사처럼 컴퓨터가 아픈 곳을 진단하고, 진단명이 나오면 수술을 시작한다. 그 모습을 보며 '이게 우리 아빠예요! 봤죠?' 하는 표정을 지어 보이며 뿌듯해하곤 했다. 언젠가 그가 개발한 폐건전지 충전기가 매스컴을 탔던 적이 있다. 다 써버린 건전지 하나도 그냥 버려지지 않게 고쳐내는 사람. 작고 어린 내 눈엔 그게 어떤 일인지 몰랐지만, 뭐든 뚝딱 살려내는 그가 늘 대단하고 멋졌다.

우리 집 만능 수리공이 고쳐내는 건 물건뿐만이 아니었다. 물건을 잃어버려 혹시 혼날까 봐 잔뜩 주눅 들어 있으면 '어쩔 수 없지 뭐' 하며 무심하게 말하는데, 그런 말들이 우연치 않게 속상한 내 마음을 고쳐냈다. 내가 아무 말 없이 퇴사를 해버린 후에도 그는, 속마음과는 달랐겠지만 그저 "잘했다."라고 한마

디만 할 뿐이었다. 무심한 듯 던진 그 말에 불안하던 마음은 어느새 괜찮아졌다.

개공포증이 있는 나는 개를 마주치기만 하면 고장 난 사람처럼 어쩔 줄을 몰라 했는데, 그때마다 나를 구해내던 것도 그였다. 어디서든 무서움에 떨고 있는 나를 번쩍 들어 안전한 곳에 옮겨주곤 했다. 다리가 아프다며 투정을 부릴 땐 그게 산을 올라가는 길이어도 등을 내밀었다. 넓게만 느껴지던 그의 등에 냉큼 업히면 투정은 자연스레 고쳐졌다. 가끔 말도 안 되는 생떼를 부릴 땐 혼쭐을 내서 정신머리를 고쳐주기도 했다.

삼십 년이 넘는 동안 우리 집 구석구석을 고쳐온 사람. 삼십 년이 넘는 시간 동안 나 또한 그의 손에 잘 고쳐지며 자랐다. 지금도 여전히 고쳐야 할 것이 생기면 "아빠! 이것 좀 고쳐줘!"라고 외친다.

4부

나를 키운 사람에게

어무는 만큼
모자란 사람

엄마도 아빠도 원래는 키워지던 사람으로 부모님의 그늘 아래에서 무럭무럭 자랐을 것이다. 그들이 마주한 생애 두 번째 가족, 거기에 내가 있다. 나도 어린 날의 그들처럼 키워지는 사람이다. 아직 두 번째 가족을 만들지 못해 여전히 첫 번째 가족에 머물고 있다. 어떤 걸 보고, 무엇을 해도 당연히 엄마 아빠를 먼저 떠올리는 미성숙한 사람으로 말이다.

며칠 전 밤바다에서 와글와글 꼬마들과 그 뒤를 지키는 젊은 엄마와 아빠를 몇 보았다.

어쩌면 내 또래일지도 모를 그들은 벌써 두 번째 가족을 꾸려 함께 주말을 보내고 있었다. 그 모습을 보며 문득 부모가 된 그들이 오래 함께 했던 첫 번째 가족의 시간이 궁금해졌다. 그저 티비만 켜두고 세상의 소식을 흘려보내고 있지는 않을까.

오늘 아침 엄마와 오래 통화하다가 문득 가족의 변화에 대한 엄마의 생각이 궁금해졌다. 지난 밤에 보았던 젊은 부부와 아이들 그리고 어쩌면 집에서 쓸쓸히 시간을 그저 보내고 있을지도 모를 그들의 부모님에 대해 어떻게 생각하는지 물었다. 엄마는 세상은 원래 그렇게 돌아가는 거라고, 다 자란 아이들은 또 새로운 가족을 꾸려 첫 번째 가족을 떠나기 마련이라고 했다. 남은 사람들은 또 새로운 가족의 형태로 충분히 잘 살아갈 거니 걱정하지 않아도 된다고.

부모가 되면 당연히 받아들일 수 있을까? 세상의 재미난 것들을 늘상 함께 나누던 사이였다가 이제는 생일이나 명절에만 보는 사이가 된다는 거. 일 년의 수많은 날 중 겨우 열흘 남짓을 볼까 말까 하는 사이가 되어도 담담히 응원해 줄 수 있을까? 엄마는 그게 당연한 거라고 하지만, 나는 아직도 첫 번째 가족에 머물고 있으면서 왜 벌써 죄책감이 밀려오는지 모르겠다.

사춘기가 지날 무렵 호르몬의 향이 짙게 번지면 자식에게 가지는 애착을 줄여갈 때라는 말을 들은 적이 있다. 어쩌면 이미 오래전에 느슨하게 풀었어야 할 관계를 자꾸자꾸 잡아당겨 팽팽하게 만든 건 아직 아무 준비가 안 된 나 자신 아닐까. 첫 번째 가족에 오래오래 머물러서 나는 아직도 철없고 모자란가 보다. 엄마 아빠의 품을 떠나는 날은 언제쯤 오려나. 아직 좀 더 멀었으면 좋겠다.

삶을 책임지는 일

퇴사하고 나면 꼭 해야 하는 일이 있었다. 행복하려 애쓰기, 아무것도 하지 않는 이 시간이 결코 의미 없는 시간이 되도록 흘려보내지 않기. 물론 나 자신을 위해서이기도 하지만, 내가 살아갈 앞으로의 무수한 날들을 걱정하는 누군가를 위한 일이기도 하다. 퇴사하기 전 나를 돌보는 사람들과 그 생각을 나누는 건 선택사항 같겠지만 사실은 필수다. 나의 현 위치까지 데려다주고 나란히 걸어준 사람들에게 한마디 말도 없이 다른 길을 찾아 떠나면 섭섭하고 걱정되는 건 당연한 일이니까 말이다.

내 삶은 내가 만들어가는 것이라고 누가 그랬던가. 내 삶을 책임지는 사람이 온전히 나 하나라면 그 말이 맞지만, 보통 한 사람의 삶은 여럿이 함께 책임진다. 낳은 사람과 기른 사람들, 그리고 주변에 머물며 힘을 주는 사람들까지. 그들에게는 나에게 찾아오는 선택의 순간에 입을 댈 수 있는 자격이 있다. 오롯이 내가 행복하자고 한 선택에서도 걱정어린 그들의 시선을 거두기 위해서는 다음 단계를 꼼꼼히 준비하거나, 부단히 현재의 행복을 증명해야만 한다. 그렇지 않으면 나를 키운 사람들은 나보다 더 큰 불안을 떠안을 수밖에 없다.

첫 퇴사 후에는 잠시 쉬는 동안 부지런히 도서관을 다녔다. 두 번째 퇴사 후에는 부지런히 글을 쓰며 매일매일 전화해서 하루의 작은 행복을 전했다. 뭐 해 먹고 살아야 하나 불안한 마음도 당연히 있었지만, 이런들 저런들 하고 싶은 대로 해보라는 응원이 있으니 느슨한 시간에도 축 처지지만은 않을 수 있었다.

　책방을 열고 나서 그 어느 때보다 즐거운 마음으로 매일을 보내는데, 나를 키운 사람이 물어온다. "진짜 그 일이 제일 좋아하는 거 맞나?" 음, 사실은 제일 좋아하는 일은 내가 놓아버린 일이고 이건 두 번째로 좋아하는 일인데 그냥 그렇다고 했다. 이미 놓아버린 일을 제일 좋아한다는 말을 내뱉는 순간부터 새로운 선택이 후회될까봐 무섭기도 했고, 여전히 나를 걱정하는 사람이 불안을 떠안지 않았으면 했다.

　사람은 혼자 살아갈 수 없고 많은 사람의 손에 오래도록 키워진다. 선택에 따르는 책임에는 그들의 마음을 보살피는 일도 포함되어 있다. 나 혼자 그저 행복하고만 싶다고 그렇게 살 수만은 없다는 걸 너무나 잘 알아서 최선을 다해 살고 최고로 보답하고 싶다. 언젠가는 지금 누리고 있는 이 행복을 덮어두고 더 애쓰는 일을 해야 하겠지. 그날이 견딜 수 없이 힘들 때가 오면, '이미 충분한 행복을 누릴 수 있게 기다려준 사람들이 있잖아.'라며 가볍게 책임을 번쩍 들고 나아가야지.

나를 살게 하는 사람

언젠가 엄마는 문득 "나는 더 미련 없다. 지금 죽어도 괜찮다."라고 말했다. 그 무렵 우리는 코로나로 오랜 시간 집에 머물러 있을 때였다. 어디에도 갈 수 없고 그저 집에만 갇혀 지내는 시간이 참 갑갑하기만 했는데, 엄마도 같은 마음이었겠지. 여행을 좋아하는 엄마는 오랜 소원이었던 '오로라 보기'를 할 거라며 아이슬란드 여행을 예약해 두고 그날만을 기다리고 있었는데, 코로나로 어디에도 못 가고 발이 묶인 신세가 되어버려 그랬을지도 모른다.

엄마의 말을 듣고 나는 '나도 그래.'라며 아무렇지 않은 척 대답하고 말았지만, 사실 그날 혼자 경주로 돌아가는 길 내내 펑펑 울었다. 나는 엄마가 있어 이 세상을 살아가는데, 엄마에겐 삶의 이유가 없다니. 괜한 죄책감과 서운함이 몰려왔다. 덩달아 나도 더 이상 살아갈 이유가 없어진 것만 같았다. 그날의 마음은 오래 담아두고 싶지 않아서 가장 연한 색으로 일기장에 썼다. 이 마음을 있는 대로 쏟아낸 후, 다시 꺼내 봐도 그 마음을 못 본 척 지나칠 수 있도록.

몇 년 후, 엄마에게 남은 시간이 딱 1년이라면 무엇을 하고 싶은 지 물은 적이 있다. 엄마는 세계여행을 하고 싶다고 했다. 미국도 가고 싶고, 오로라도 보고 싶다고. 역시 엄마는 세상으로 발을 내디뎌야 더 생기가 넘치는 사람이다. 나는 같은 질문에 노래를 만들겠다고 답했다. 남은 사람들을 위해 계절별로 노래를 만들 거라고. 생각날 때면 언제든 들을 수 있도록 말이다. 내 말에 엄마는 "오! 너무 좋다. 꼭 만들어줘. 그러면 우리한테 계속 수익이 들어오잖아. 아싸!"라며 신나 했다.

아니, 몇 년 전에 세상에 미련 없다고 말했던 그 사람이 맞는지. 남은 사람들이 자기 생각이 날 때 들을 수 있도록 노래를 만들겠다는 감성적인 딸의 대답에 없을지도 모를 금전적 이득을 상상하며 기뻐하다니. 그래, 오히려 좋아. 계속 들어올 수익이 즐겁다는 건 그만큼 오래 살 거라는 거니까.

셀 수 없이 많은 이유로 나를 살게 하는 엄마에게도, 셀 수 없이 많은 삶의 이유가 있었으면 좋겠다. 그중 하나는 내가 되어, 엄마를 살게 하는 사람이 되었으면.

서로의 보호자가 되어

나이가 들어도 변함없이 보호자를 적는 칸에는 엄마나 아빠의 이름을 써낸다. 몸이 아파 잠깐의 입원 생활을 할 때도 당연히 보호자는 엄마였고, 그 이름에 걸맞게 엄마는 일주일 내내 좁고 딱딱한 보호자 침대에 지내며 나를 돌봤다. 돌봄의 방법에 대해 어떤 설명도 필요 없는, 나를 돌보는 데에는 최적화된 사람이었다. 엄마는 딸의 입원을 앞두고 몇 가지 반찬거리와 과일을 야무지게 싸 들고 병원에 도착했다. 금식으로 밥을 먹을 수 없는 동안은 혹시 딸이 보면 먹고 싶어지진 않을까 걱정하며

저 멀리 허름한 휴게실에 가서 끼니를 해결하고 왔다. 물병이 비어갈 때쯤엔 나보다 먼저 눈치채고 나가서 물을 가득 채워 돌아왔다.

엄마는 수술 직후 너무 아파 아무것도 할 수 없는 나를 대신해 모든 걸 해주는 사람이었다. 무통 주사를 눌러줬다가 구역질이 올라오면 잠시 막아줬다가, 거즈를 구해와 촉촉하게 적셔 입에 물려줬다가 불편할 땐 다시 빼줬다. 물 한 모금이 간절해서 겨우 물을 입에 머금었다가 뱉어내는 것도 가만히 누운 채 엄마의 손을 통해서만 할 수 있었다. 스물네 시간을 내내 딱 붙어 지낸 일주일 동안 엄마는 귀찮은 내색 한번 없이 오직 아픈 딸을 위해서 손과 발을 부지런히 움직였다.

오래전 엄마가 수술로 입원했던 무렵이 떠올랐다. 그때의 나는 엄마의 온전한 보호자가 되기에는 어렸고, 아빠가 잠시 자리를 비우면 그 틈을 메우는 정도로만 곁에 있었다. 수술 직후 물을 마실 수 없는 엄마를 위해 손수건을 적셔 입 근처를 닦아주고, 거즈를 적셔 입에 물려주었던 그 잠깐의 순간이 기억에 선명하다. 보호자의 역할을 자처했던 것도, 돌보는 방법을 스스로 알아서 했던 것도 아니었지만 걱정을 안고 전전긍긍하는 보호자의 마음을 얼핏 알 수 있었다. 그 찰나가 나를 돌보는 엄마에겐 몇 날 며칠의 스물네시간이었겠지.

떨어져 있었지만 분명 아빠에게도 초조한 시간이었을 거다. 나중에 듣고 보니 입원한 동안 아빠에게서 매일 전화가 왔다고 했다. 전화를 걸어 하는 말은 늘 똑같이 "좀 괜찮나?" 정도였겠지만 분명 마음속에는 더 많은 걱정의 말이 있었을 거라는 걸 잘 안다. 가까웠다면 한달음에 달려와 내 안위를 확인했을 사람, 세월이 흘러도 그들의 눈에 여전히 난 돌봐줘야 하는 작은 인간인가 보다.

언젠가 그들의 이름 옆에 보호자로 나란히 이름을 쓰게 되는 날이 올 것이다. 온전한 보호자가 되는 일은 분명 서툴겠지만 그들이 몸소 보여준 돌봄을 온몸으로 배웠으니 제법 유연하게 그들의 보호자라는 이름값을 해내게 되겠지. 나의 보호자였던 그들의 심정을 지금보다 더 깊숙이 이해하게 되겠지. 아마 그때가 와도 여전히 내 보호자에는 그들의 이름이 적히게 될지도 모른다. 우리는 그렇게 서로의 보호자가 되어 돌보며, 돌봐지며 함께 나이 들어가겠지.

섭섭한 마음
다 말할 수 없을 텐데

　주기만 하는 사랑이 있고, 받기만 하는 사람이 있다. 그들은 언제나 나한테 사랑을 주기만 하고, 나는 어디에서도 그 이상의 사랑은 받을 수가 없다. 손가락으로 다 셀 수 없는 그 값어치를 알면서도 늘 당연히 받기만 한다. 충분을 넘어 넘쳐흐르게 받고도 맡겨둔 양 또 달라고만 한다. 나는 내가 가진 사랑이 닳을까 가끔 아끼는데, 주고 또 줘도 아깝지 않은 사랑을 그들에게 받는다. 돌이켜보면 내가 아끼느라 받아낸 사랑이 훨씬 많다는 게 보이는데, 왜 받을 땐 없는 자리를 만들어가며 꾸역꾸역 받아둘까.

    살아가다 보면 소중하지 않게, 매몰차게 대해지는 날들이 있다. 그럴 때면 그들에게 꾸역꾸역 받아둔 사랑을 넉넉히 꺼내 상처가 난 자리에 듬뿍 바른다. 그럴 때만 쓰라고 준 사랑이 아닌데, 꼭 그럴 때만 그게 생각난다. 내가 얼마나 소중한 사람인데 나를 그렇게 대하냐는 말은 목구멍으로 꿀꺽 넘기고, 나보다 더 아파하며 다시 또 저 바닥까지 삭삭 긁어 사랑을 건네 치유해 줄 그들을 떠올린다. 이렇게 나 그들의 마음을 잘 알면서도 나는 왜 같은 사랑을 흔쾌히 꺼내어 나누지 못할까. 잦은 투정과 약간의 귀찮음은 앞뒤 보지도 않고 그냥 냅다 건네면서, 그거 말고 좋은 건 다 아껴서 건넬까.

    투정을 부리면 그들은 그저 묵묵히 듣는 사람이 된다. 짜증을 내면 눈치 보는 사람이 되고, 슬퍼하면 나보다 더 아픈 사람이 된다. 그런 줄을 알면서도 유독 그들에게만 예의 하나 차리지 않는 철없는 내가 한심하기만 하다. 사랑에 적셔 키워놨더니 돌려주기는커녕 여기저기 그들이 없는 세상에 뿌리기 바쁜 이 모습을 보고 섭섭한 마음이 왜 안 들겠어. 당연히 섭섭하지만 그 마음 깊이 감추고 더 나누고 더 베풀어도 된다고 하는 사람들.

나는 그걸
너무나

잘
알면서도.

작가의 말

몇 번의 상실과 애도의 시간 이후, 언젠가 찾아올 이별을 생각하면 가장 먼저 떠오르는 사람들이 있습니다. 세상에 그들이 없다면 어떨지 상상하는 것만으로도 먹먹하고 또 막막합니다. 그만큼 그들의 존재가 삶에 큰 부분을 차지하고 있다는, 아직 그들의 등에 업힌 채 세상을 나아가고 있다는 뜻이겠지요.

나를 키운 사람들에게 더 이상 키워질 수 없을 때가 오면 어떤 모습으로 이 세상을 마주할까요. 언젠가 찾아올 그때 더 단단한 마음으로 일어설 수 있도록 흩어져 있던 이야기들을 차곡차곡 모아 이 책에 엮어두었어요. 언제든 그들의 진심을 마주할 수 있도록 말이에요. 키워진 사람이 썼지만 결국, 키워낸 사람들의 책이 아닐까 합니다.

정성을 다해 누군가를 키워내는 건 결코 가볍지 않은 마음이라는 걸 알아서 이 작은 책 한 권으로는 부족하기만 합니다. 그럼에도 불구하고 이 책에 누군가를 키우는 사람의, 누군가에게 키워지는 사람의 마음이 더해져 묵직해지기를 바랍니다.

이 책을 덮을 때면 각자의 가슴 속에 아껴둔 마음이, 손으로 써내릴 문장으로 남아 여러분을 키운 사람에게 전해졌으면 좋겠습니다.

나를 키운 사람에게,
온 마음을 다해 감사와 사랑을 전하며.

우와.

나를 키운 사람에게

발　　　행	2025년 8월 22일
저　　　자	우와
편집·디자인	우와
펴　낸　이	우와
펴　낸　곳	우연히 와닿다
출 판 등 록	2023년 9월 25일 제 505-2023-000012호
전 자 우 편	woowabooks@gmail.com
I S B N	979-11-993218-1-6

*무단 복제와 전재를 금합니다.